Autumn

Things to do & all about you

Plan and reflect, a day at a time

By C. K. Hullen

Things to do & all about you

Copyright © 2021 by C.K. Hullen

All rights reserved, no part of this book may be reproduced in any matter whatsoever without the written & signed permission of the author, except in the case of quotations embodied in the critical articles or review.

*For Dru

Day _____ ___ / ___ / _____

Hey good looking!

Time

05:00 ☐ _____

06:00 ☐ _____

07:00 ☐ _____

08:00 ☐ _____

09:00 ☐ _____

10:00 ☐ _____

11:00 ☐ _____

12:00 ☐ _____

13:00 ☐ _____

14:00 ☐ _____

15:00 ☐ _____

16:00 ☐ _____

17:00 ☐ _____

18:00 ☐ _____

19:00 ☐ _____

20:00 ☐ _____

21:00 ☐ _____

22:00 ☐ _____

Did you smile?

Staying well/healthy...

🥛 🥛 🥛 🥛 🥛 🥛 🥛 🥛 🥛

Steps/exercise _____

Meals

A.M _____

P.M _____

EVE _____

Overall wellbeing/mood today

☐ Great   ☐ Happy   ☐ Proud   ☐ Okay

☐ Tired   ☐ P£#$*? Off   ☐ Sad   ☐ Tense

Goals/Priorities

Notes/Reflections

Day _____ ___/___/_____

If wonderful things only ever happen to you, there is no opportunity to be brave.

Time		
05:00	☐	_____
06:00	☐	_____
07:00	☐	_____
08:00	☐	_____
09:00	☐	_____
10:00	☐	_____
11:00	☐	_____
12:00	☐	_____
13:00	☐	_____
14:00	☐	_____
15:00	☐	_____
16:00	☐	_____
17:00	☐	_____
18:00	☐	_____
19:00	☐	_____
20:00	☐	_____
21:00	☐	_____
22:00	☐	_____

When have you been brave?

Staying well/healthy...

🥛 🥛 🥛 🥛 🥛 🥛 🥛 🥛 🥛

Steps/exercise _____

Meals

A.M _____

P.M _____

EVE _____

Overall wellbeing/mood today

☐	☐	☐	☐
Great	Happy	Proud	Okay
☐	☐	☐	☐
Tired	P£#$*? Off	Sad	Tense

Goals/Priorities

Notes/Reflections

Day _____ ___ / ___ / _____

Make this day a day to remember!

Time
05:00	☐	_____
06:00	☐	_____
07:00	☐	_____
08:00	☐	_____
09:00	☐	_____
10:00	☐	_____
11:00	☐	_____
12:00	☐	_____
13:00	☐	_____
14:00	☐	_____
15:00	☐	_____
16:00	☐	_____
17:00	☐	_____
18:00	☐	_____
19:00	☐	_____
20:00	☐	_____
21:00	☐	_____
22:00	☐	_____

I will remember this day because…

Staying well/healthy…

🥛 🥛 🥛 🥛 🥛 🥛 🥛 🥛 🥛

Steps/exercise _____

Meals

A.M _____

P.M _____

EVE _____

Overall wellbeing/mood today

☐	☐	☐	☐
Great	Happy	Proud	Okay
☐	☐	☐	☐
Tired	P£#$*? Off	Sad	Tense

Goals/Priorities

Notes/Reflections

Day ____ ___ / ___ / _____

Never regret what made you smile.

Time

05:00 ☐ _____

06:00 ☐ _____

07:00 ☐ _____

08:00 ☐ _____

09:00 ☐ _____

10:00 ☐ _____

11:00 ☐ _____

12:00 ☐ _____

13:00 ☐ _____

14:00 ☐ _____

15:00 ☐ _____

16:00 ☐ _____

17:00 ☐ _____

18:00 ☐ _____

19:00 ☐ _____

20:00 ☐ _____

21:00 ☐ _____

22:00 ☐ _____

Would you see a past situation differently based on the above statement?

Staying well/healthy...

🥛 🥛 🥛 🥛 🥛 🥛 🥛 🥛 🥛

Steps/exercise _____

Meals

A.M _____

P.M _____

EVE _____

Overall wellbeing/mood today

☐ Great ☐ Happy ☐ Proud ☐ Okay

☐ Tired ☐ P£#$*? Off ☐ Sad ☐ Tense

Goals/Priorities

Notes/Reflections

Day _____ ___/___/_____

Tension is who you think you should be relaxation is who you are – Chinese Proverb

Time

Time		
05:00	☐	_____
06:00	☐	_____
07:00	☐	_____
08:00	☐	_____
09:00	☐	_____
10:00	☐	_____
11:00	☐	_____
12:00	☐	_____
13:00	☐	_____
14:00	☐	_____
15:00	☐	_____
16:00	☐	_____
17:00	☐	_____
18:00	☐	_____
19:00	☐	_____
20:00	☐	_____
21:00	☐	_____
22:00	☐	_____

Who are you when you are relaxed?

Staying well/healthy...

🥛 🥛 🥛 🥛 🥛 🥛 🥛 🥛 🥛

Steps/exercise _____

Meals

A.M _____

P.M _____

EVE _____

Overall wellbeing/mood today

☐ Great ☐ Happy ☐ Proud ☐ Okay

☐ Tired ☐ P£#$*? Off ☐ Sad ☐ Tense

Goals/Priorities

Notes/Reflections

Day ____ ___/___/_____

"I love you baby and if its quite alright..."

Time

05:00 ☐	_____
06:00 ☐	_____
07:00 ☐	_____
08:00 ☐	_____
09:00 ☐	_____
10:00 ☐	_____
11:00 ☐	_____
12:00 ☐	_____
13:00 ☐	_____
14:00 ☐	_____
15:00 ☐	_____
16:00 ☐	_____
17:00 ☐	_____
18:00 ☐	_____
19:00 ☐	_____
20:00 ☐	_____
21:00 ☐	_____
22:00 ☐	_____

The way I like to be loved...

Staying well/healthy...

▯ ▯ ▯ ▯ ▯ ▯ ▯ ▯ ▯

Steps/exercise _____

Meals

A.M _____

P.M _____

EVE _____

Overall wellbeing/mood today

| ☐ Great | ☐ Happy | ☐ Proud | ☐ Okay |
| ☐ Tired | ☐ P£#$*? Off | ☐ Sad | ☐ Tense |

Goals/Priorities

Notes/Reflections

Day _____ ___/___/_____

Seize this day, for it shall be yours forever!

Time
- 05:00 ☐ _____
- 06:00 ☐ _____
- 07:00 ☐ _____
- 08:00 ☐ _____
- 09:00 ☐ _____
- 10:00 ☐ _____
- 11:00 ☐ _____
- 12:00 ☐ _____
- 13:00 ☐ _____
- 14:00 ☐ _____
- 15:00 ☐ _____
- 16:00 ☐ _____
- 17:00 ☐ _____
- 18:00 ☐ _____
- 19:00 ☐ _____
- 20:00 ☐ _____
- 21:00 ☐ _____
- 22:00 ☐ _____

I seized this day...

Staying well/healthy...

🥛 🥛 🥛 🥛 🥛 🥛 🥛 🥛

Steps/exercise _____

Meals

A.M _____

P.M _____

EVE _____

Overall wellbeing/mood today

☐ Great   ☐ Happy   ☐ Proud   ☐ Okay

☐ Tired   ☐ P£#$*? Off   ☐ Sad   ☐ Tense

Goals/Priorities

Notes/Reflections

Day _____   ___/___/_____

You got this!

Time

Time		
05:00	☐	_____
06:00	☐	_____
07:00	☐	_____
08:00	☐	_____
09:00	☐	_____
10:00	☐	_____
11:00	☐	_____
12:00	☐	_____
13:00	☐	_____
14:00	☐	_____
15:00	☐	_____
16:00	☐	_____
17:00	☐	_____
18:00	☐	_____
19:00	☐	_____
20:00	☐	_____
21:00	☐	_____
22:00	☐	_____

Today...

Staying well/healthy...

🥛 🥛 🥛 🥛 🥛 🥛 🥛 🥛 🥛

Steps/exercise _____

Meals

A.M _____

P.M _____

EVE _____

Overall wellbeing/mood today

☐ Great   ☐ Happy   ☐ Proud   ☐ Okay

☐ Tired   ☐ P£#$*? Off   ☐ Sad   ☐ Tense

Goals/Priorities

Notes/Reflections

Day _____ ___ / ___ / _____

What does love look like to you?

Time

- 05:00 ☐ _____
- 06:00 ☐ _____
- 07:00 ☐ _____
- 08:00 ☐ _____
- 09:00 ☐ _____
- 10:00 ☐ _____
- 11:00 ☐ _____
- 12:00 ☐ _____
- 13:00 ☐ _____
- 14:00 ☐ _____
- 15:00 ☐ _____
- 16:00 ☐ _____
- 17:00 ☐ _____
- 18:00 ☐ _____
- 19:00 ☐ _____
- 20:00 ☐ _____
- 21:00 ☐ _____
- 22:00 ☐ _____

Love to me looks like…

Staying well/healthy…

🥛 🥛 🥛 🥛 🥛 🥛 🥛 🥛

Steps/exercise _____

Meals

A.M _____

P.M _____

EVE _____

Overall wellbeing/mood today

☐ Great   ☐ Happy   ☐ Proud   ☐ Okay

☐ Tired   ☐ P£#$*? Off   ☐ Sad   ☐ Tense

Goals/Priorities

Notes/Reflections

Day _____   ___/___/_____

It is not that I am too sensitive, it is that other people are not sensitive enough.

Time

05:00 ☐ _____
06:00 ☐ _____
07:00 ☐ _____
08:00 ☐ _____
09:00 ☐ _____
10:00 ☐ _____
11:00 ☐ _____
12:00 ☐ _____
13:00 ☐ _____
14:00 ☐ _____
15:00 ☐ _____
16:00 ☐ _____
17:00 ☐ _____
18:00 ☐ _____
19:00 ☐ _____
20:00 ☐ _____
21:00 ☐ _____
22:00 ☐ _____

How do you show empathy?

Staying well/healthy...

☐ ☐ ☐ ☐ ☐ ☐ ☐ ☐ ☐

Steps/exercise _____

Meals

A.M _____

P.M _____

EVE _____

Overall wellbeing/mood today

☐ Great   ☐ Happy   ☐ Proud   ☐ Okay

☐ Tired   ☐ P£#$*? Off   ☐ Sad   ☐ Tense

Goals/Priorities

Notes/Reflections

Day _____   ___/___/_____

When we think of the end, we start to live; make each day count.

Time

Time		
05:00	☐	_____
06:00	☐	_____
07:00	☐	_____
08:00	☐	_____
09:00	☐	_____
10:00	☐	_____
11:00	☐	_____
12:00	☐	_____
13:00	☐	_____
14:00	☐	_____
15:00	☐	_____
16:00	☐	_____
17:00	☐	_____
18:00	☐	_____
19:00	☐	_____
20:00	☐	_____
21:00	☐	_____
22:00	☐	_____

How would you like to be remembered?

Staying well/healthy...

🥛 🥛 🥛 🥛 🥛 🥛 🥛 🥛 🥛

Steps/exercise _____

Meals

A.M _____

P.M _____

EVE _____

Overall wellbeing/mood today

☐ Great   ☐ Happy   ☐ Proud   ☐ Okay

☐ Tired   ☐ P£#$*? Off   ☐ Sad   ☐ Tense

Goals/Priorities

Notes/Reflections

Day _____ ___/___/_____

If you're sitting on the fence, there's a chance you might get splinters – S.Lokes

Time
05:00 ☐ _____
06:00 ☐ _____
07:00 ☐ _____
08:00 ☐ _____
09:00 ☐ _____
10:00 ☐ _____
11:00 ☐ _____
12:00 ☐ _____
13:00 ☐ _____
14:00 ☐ _____
15:00 ☐ _____
16:00 ☐ _____
17:00 ☐ _____
18:00 ☐ _____
19:00 ☐ _____
20:00 ☐ _____
21:00 ☐ _____
22:00 ☐ _____

What do you believe in?

Staying well/healthy...

🥛 🥛 🥛 🥛 🥛 🥛 🥛 🥛

Steps/exercise _____

Meals

A.M _____

P.M _____

EVE _____

Overall wellbeing/mood today

☐ Great   ☐ Happy   ☐ Proud   ☐ Okay

☐ Tired   ☐ P£#$*? Off   ☐ Sad   ☐ Tense

Goals/Priorities

Notes/Reflections

Day _____   ___ / ___ / _____

You are AMAZING!

Time

Time		
05:00	☐	_____
06:00	☐	_____
07:00	☐	_____
08:00	☐	_____
09:00	☐	_____
10:00	☐	_____
11:00	☐	_____
12:00	☐	_____
13:00	☐	_____
14:00	☐	_____
15:00	☐	_____
16:00	☐	_____
17:00	☐	_____
18:00	☐	_____
19:00	☐	_____
20:00	☐	_____
21:00	☐	_____
22:00	☐	_____

Five things that make me awesome are...

Staying well/healthy...

🥛 🥛 🥛 🥛 🥛 🥛 🥛 🥛 🥛

Steps/exercise _____

Meals

A.M _____

P.M _____

EVE _____

Overall wellbeing/mood today

☐ Great   ☐ Happy   ☐ Proud   ☐ Okay

☐ Tired   ☐ P£#$*? Off   ☐ Sad   ☐ Tense

Goals/Priorities

Notes/Reflections

Day _____   ___ / ___ / _____

If your cup is half empty, find a healthy way to fill it up – C.K. Hullen

Time
- 05:00 ☐ _____
- 06:00 ☐ _____
- 07:00 ☐ _____
- 08:00 ☐ _____
- 09:00 ☐ _____
- 10:00 ☐ _____
- 11:00 ☐ _____
- 12:00 ☐ _____
- 13:00 ☐ _____
- 14:00 ☐ _____
- 15:00 ☐ _____
- 16:00 ☐ _____
- 17:00 ☐ _____
- 18:00 ☐ _____
- 19:00 ☐ _____
- 20:00 ☐ _____
- 21:00 ☐ _____
- 22:00 ☐ _____

To fill my cup, I…

Staying well/healthy…

▯ ▯ ▯ ▯ ▯ ▯ ▯ ▯ ▯

Steps/exercise _____

Meals

A.M _____

P.M _____

EVE _____

Overall wellbeing/mood today

☐ Great   ☐ Happy   ☐ Proud   ☐ Okay

☐ Tired   ☐ P£#$*? Off   ☐ Sad   ☐ Tense

Goals/Priorities

Notes/Reflections

Day ____ ___ / ___ / _____

Chocolate, chilli and cheese never disappoint.

Time

05:00 ☐ _____

06:00 ☐ _____

07:00 ☐ _____

08:00 ☐ _____

09:00 ☐ _____

10:00 ☐ _____

11:00 ☐ _____

12:00 ☐ _____

13:00 ☐ _____

14:00 ☐ _____

15:00 ☐ _____

16:00 ☐ _____

17:00 ☐ _____

18:00 ☐ _____

19:00 ☐ _____

20:00 ☐ _____

21:00 ☐ _____

22:00 ☐ _____

Food that makes me grin...

Staying well/healthy...

🥛 🥛 🥛 🥛 🥛 🥛 🥛 🥛 🥛

Steps/exercise _____

Meals

A.M _____

P.M _____

EVE _____

Overall wellbeing/mood today

☐ Great ☐ Happy ☐ Proud ☐ Okay

☐ Tired ☐ P£#$*? Off ☐ Sad ☐ Tense

Goals/Priorities

Notes/Reflections

Day _____ ___ / ___ / _____

Kindness is the language which the deaf can hear and the blind can see — Mark Twain

Time

05:00 ☐ _____

06:00 ☐ _____

07:00 ☐ _____

08:00 ☐ _____

09:00 ☐ _____

10:00 ☐ _____

11:00 ☐ _____

12:00 ☐ _____

13:00 ☐ _____

14:00 ☐ _____

15:00 ☐ _____

16:00 ☐ _____

17:00 ☐ _____

18:00 ☐ _____

19:00 ☐ _____

20:00 ☐ _____

21:00 ☐ _____

22:00 ☐ _____

What community work have you done lately?

Staying well/healthy...

🥛 🥛 🥛 🥛 🥛 🥛 🥛 🥛 🥛

Steps/exercise _____

Meals

A.M _____

P.M _____

EVE _____

Overall wellbeing/mood today

☐ Great   ☐ Happy   ☐ Proud   ☐ Okay

☐ Tired   ☐ P£#$*? Off   ☐ Sad   ☐ Tense

Goals/Priorities

Notes/Reflections

Day ____ ___ / ___ / _____

I believe in you.

Time

Time		
05:00	☐	_____
06:00	☐	_____
07:00	☐	_____
08:00	☐	_____
09:00	☐	_____
10:00	☐	_____
11:00	☐	_____
12:00	☐	_____
13:00	☐	_____
14:00	☐	_____
15:00	☐	_____
16:00	☐	_____
17:00	☐	_____
18:00	☐	_____
19:00	☐	_____
20:00	☐	_____
21:00	☐	_____
22:00	☐	_____

Today...

Staying well/healthy...

🥛 🥛 🥛 🥛 🥛 🥛 🥛 🥛 🥛

Steps/exercise _____

Meals

A.M _____

P.M _____

EVE _____

Overall wellbeing/mood today

☐	☐	☐	☐
Great	Happy	Proud	Okay
☐	☐	☐	☐
Tired	P£#$*? Off	Sad	Tense

Goals/Priorities

Notes/Reflections

Day _____   ___ / ___ / _____

"Sugar so sweet, you're my honey bee… I'm into you" 🎧

Time

Time		
05:00	☐	_____
06:00	☐	_____
07:00	☐	_____
08:00	☐	_____
09:00	☐	_____
10:00	☐	_____
11:00	☐	_____
12:00	☐	_____
13:00	☐	_____
14:00	☐	_____
15:00	☐	_____
16:00	☐	_____
17:00	☐	_____
18:00	☐	_____
19:00	☐	_____
20:00	☐	_____
21:00	☐	_____
22:00	☐	_____

What are you into?

Staying well/healthy…

🥛 🥛 🥛 🥛 🥛 🥛 🥛 🥛 🥛

Steps/exercise _____

Meals

A.M _____

P.M _____

EVE _____

Overall wellbeing/mood today

☐ Great   ☐ Happy   ☐ Proud   ☐ Okay

☐ Tired   ☐ P£#$*? Off   ☐ Sad   ☐ Tense

Goals/Priorities

Notes/Reflections

Day _____ ___ / ___ / _____

Dedicate 1 hour to yourself each day. You'll feel better for it.

Time

Time		
05:00	☐	_____
06:00	☐	_____
07:00	☐	_____
08:00	☐	_____
09:00	☐	_____
10:00	☐	_____
11:00	☐	_____
12:00	☐	_____
13:00	☐	_____
14:00	☐	_____
15:00	☐	_____
16:00	☐	_____
17:00	☐	_____
18:00	☐	_____
19:00	☐	_____
20:00	☐	_____
21:00	☐	_____
22:00	☐	_____

What did you do for yourself today?

Staying well/healthy...

🥛 🥛 🥛 🥛 🥛 🥛 🥛 🥛 🥛

Steps/exercise _____

Meals

A.M _____

P.M _____

EVE _____

Overall wellbeing/mood today

☐ Great ☐ Happy ☐ Proud ☐ Okay

☐ Tired ☐ P£#$*? Off ☐ Sad ☐ Tense

Goals/Priorities

Notes/Reflections

Day _____ ___ / ___ / _____

How do you catch a shooting star? By holding the person next to you.

Time		
05:00	☐	_____
06:00	☐	_____
07:00	☐	_____
08:00	☐	_____
09:00	☐	_____
10:00	☐	_____
11:00	☐	_____
12:00	☐	_____
13:00	☐	_____
14:00	☐	_____
15:00	☐	_____
16:00	☐	_____
17:00	☐	_____
18:00	☐	_____
19:00	☐	_____
20:00	☐	_____
21:00	☐	_____
22:00	☐	_____

Who are you grateful for?

Staying well/healthy...

🥤 🥤 🥤 🥤 🥤 🥤 🥤 🥤

Steps/exercise _____

Meals

A.M _____

P.M _____

EVE _____

Overall wellbeing/mood today

| ☐ Great | ☐ Happy | ☐ Proud | ☐ Okay |
| ☐ Tired | ☐ P£#$*? Off | ☐ Sad | ☐ Tense |

Goals/Priorities.

Notes/Reflections.

Day _____ ___ / ___ / _____

What you believe is what you become.

Time
- 05:00 ☐ _____
- 06:00 ☐ _____
- 07:00 ☐ _____
- 08:00 ☐ _____
- 09:00 ☐ _____
- 10:00 ☐ _____
- 11:00 ☐ _____
- 12:00 ☐ _____
- 13:00 ☐ _____
- 14:00 ☐ _____
- 15:00 ☐ _____
- 16:00 ☐ _____
- 17:00 ☐ _____
- 18:00 ☐ _____
- 19:00 ☐ _____
- 20:00 ☐ _____
- 21:00 ☐ _____
- 22:00 ☐ _____

The things I value and believe are…

Staying well/healthy…

🥛 🥛 🥛 🥛 🥛 🥛 🥛 🥛 🥛

Steps/exercise _____

Meals

A.M _____

P.M _____

EVE _____

Overall wellbeing/mood today

| ☐ Great | ☐ Happy | ☐ Proud | ☐ Okay |
| ☐ Tired | ☐ P£#$*? Off | ☐ Sad | ☐ Tense |

Goals/Priorities

Notes/Reflections

Day _____   ___ / ___ / _____

To me you are fluffy clouds and Rhubarb dew drops!

Time

05:00 ☐ _____

06:00 ☐ _____

07:00 ☐ _____

08:00 ☐ _____

09:00 ☐ _____

10:00 ☐ _____

11:00 ☐ _____

12:00 ☐ _____

13:00 ☐ _____

14:00 ☐ _____

15:00 ☐ _____

16:00 ☐ _____

17:00 ☐ _____

18:00 ☐ _____

19:00 ☐ _____

20:00 ☐ _____

21:00 ☐ _____

22:00 ☐ _____

I'd describe myself as…

Staying well/healthy…

🥛 🥛 🥛 🥛 🥛 🥛 🥛 🥛 🥛

Steps/exercise _____

Meals

A.M _____

P.M _____

EVE _____

Overall wellbeing/mood today

☐ Great   ☐ Happy   ☐ Proud   ☐ Okay

☐ Tired   ☐ P£#$*? Off   ☐ Sad   ☐ Tense

Goals/Priorities

Notes/Reflections

Day _____   ___ / ___ / _____

If the pain of past experiences pile up, gently clear them out, one at a time.

Time

05:00 ☐ _____

06:00 ☐ _____

07:00 ☐ _____

08:00 ☐ _____

09:00 ☐ _____

10:00 ☐ _____

11:00 ☐ _____

12:00 ☐ _____

13:00 ☐ _____

14:00 ☐ _____

15:00 ☐ _____

16:00 ☐ _____

17:00 ☐ _____

18:00 ☐ _____

19:00 ☐ _____

20:00 ☐ _____

21:00 ☐ _____

22:00 ☐ _____

Staying well/healthy...

🥛 🥛 🥛 🥛 🥛 🥛 🥛 🥛 🥛

Steps/exercise _____

Meals

A.M _____

P.M _____

EVE _____

Overall wellbeing/mood today

☐ Great   ☐ Happy   ☐ Proud   ☐ Okay

☐ Tired   ☐ P£#$*? Off   ☐ Sad   ☐ Tense

Goals/Priorities

Notes/Reflections

Day _____ ___ / ___ / _____

The Gem cannot be polished without friction, nor man perfected without trials – Chinese proverb

Time

05:00 ☐ _____

06:00 ☐ _____

07:00 ☐ _____

08:00 ☐ _____

09:00 ☐ _____

10:00 ☐ _____

11:00 ☐ _____

12:00 ☐ _____

13:00 ☐ _____

14:00 ☐ _____

15:00 ☐ _____

16:00 ☐ _____

17:00 ☐ _____

18:00 ☐ _____

19:00 ☐ _____

20:00 ☐ _____

21:00 ☐ _____

22:00 ☐ _____

You do you think about this proverb?

Staying well/healthy…

🥛 🥛 🥛 🥛 🥛 🥛 🥛 🥛 🥛

Steps/exercise _____

Meals

A.M _____

P.M _____

EVE _____

Overall wellbeing/mood today

☐ Great   ☐ Happy   ☐ Proud   ☐ Okay

☐ Tired   ☐ P£#$*? Off   ☐ Sad   ☐ Tense

Goals/Priorities

Notes/Reflections

Day _____ ___ / ___ / _____

Would you dare to walk a mile in someone else's shoes?

Time
05:00 ☐ _____
06:00 ☐ _____
07:00 ☐ _____
08:00 ☐ _____
09:00 ☐ _____
10:00 ☐ _____
11:00 ☐ _____
12:00 ☐ _____
13:00 ☐ _____
14:00 ☐ _____
15:00 ☐ _____
16:00 ☐ _____
17:00 ☐ _____
18:00 ☐ _____
19:00 ☐ _____
20:00 ☐ _____
21:00 ☐ _____
22:00 ☐ _____

What did you do and what did you learn?

Staying well/healthy...

🥛 🥛 🥛 🥛 🥛 🥛 🥛 🥛 🥛

Steps/exercise _____

Meals

A.M _____

P.M _____

EVE _____

Overall wellbeing/mood today

☐ Great   ☐ Happy   ☐ Proud   ☐ Okay
☐ Tired   ☐ P£#$*? Off   ☐ Sad   ☐ Tense

Goals/Priorities

Notes/Reflections

Day _____ ___ / ___ / _____

Have a terrific day!

Time

05:00 ☐ _____
06:00 ☐ _____
07:00 ☐ _____
08:00 ☐ _____
09:00 ☐ _____
10:00 ☐ _____
11:00 ☐ _____
12:00 ☐ _____
13:00 ☐ _____
14:00 ☐ _____
15:00 ☐ _____
16:00 ☐ _____
17:00 ☐ _____
18:00 ☐ _____
19:00 ☐ _____
20:00 ☐ _____
21:00 ☐ _____
22:00 ☐ _____

My day was great because...

Staying well/healthy...

🥛 🥛 🥛 🥛 🥛 🥛 🥛 🥛 🥛

Steps/exercise _____

Meals

A.M _____

P.M _____

EVE _____

Overall wellbeing/mood today

☐ Great   ☐ Happy   ☐ Proud   ☐ Okay

☐ Tired   ☐ P£#$*? Off   ☐ Sad   ☐ Tense

Goals/Priorities

Notes/Reflections

Day _____   ___ / ___ / _____

Before marrying someone, give them a PC and slow internet to see who they really are – W. Ferrell

Time

05:00 ☐ _____

06:00 ☐ _____

07:00 ☐ _____

08:00 ☐ _____

09:00 ☐ _____

10:00 ☐ _____

11:00 ☐ _____

12:00 ☐ _____

13:00 ☐ _____

14:00 ☐ _____

15:00 ☐ _____

16:00 ☐ _____

17:00 ☐ _____

18:00 ☐ _____

19:00 ☐ _____

20:00 ☐ _____

21:00 ☐ _____

22:00 ☐ _____

What happened?

Staying well/healthy...

☐ ☐ ☐ ☐ ☐ ☐ ☐ ☐

Steps/exercise _____

Meals

A.M _____

P.M _____

EVE _____

Overall wellbeing/mood today

☐ Great   ☐ Happy   ☐ Proud   ☐ Okay

☐ Tired   ☐ P£#$*? Off   ☐ Sad   ☐ Tense

Goals/Priorities

Notes/Reflections

Day _____ ___ / ___ / _____

What's your secret power?

Time
- 05:00 ☐ _____
- 06:00 ☐ _____
- 07:00 ☐ _____
- 08:00 ☐ _____
- 09:00 ☐ _____
- 10:00 ☐ _____
- 11:00 ☐ _____
- 12:00 ☐ _____
- 13:00 ☐ _____
- 14:00 ☐ _____
- 15:00 ☐ _____
- 16:00 ☐ _____
- 17:00 ☐ _____
- 18:00 ☐ _____
- 19:00 ☐ _____
- 20:00 ☐ _____
- 21:00 ☐ _____
- 22:00 ☐ _____

My secret power/s...

Staying well/healthy...

☐ ☐ ☐ ☐ ☐ ☐ ☐ ☐ ☐

Steps/exercise _____

Meals

A.M _____

P.M _____

EVE _____

Overall wellbeing/mood today

| ☐ Great | ☐ Happy | ☐ Proud | ☐ Okay |
| ☐ Tired | ☐ P£#$*? Off | ☐ Sad | ☐ Tense |

Goals/Priorities

Notes/Reflections

Day _____ ___ / ___ / _____

Your first and last friend will always be yourself.

Time

Time		
05:00	☐	_____
06:00	☐	_____
07:00	☐	_____
08:00	☐	_____
09:00	☐	_____
10:00	☐	_____
11:00	☐	_____
12:00	☐	_____
13:00	☐	_____
14:00	☐	_____
15:00	☐	_____
16:00	☐	_____
17:00	☐	_____
18:00	☐	_____
19:00	☐	_____
20:00	☐	_____
21:00	☐	_____
22:00	☐	_____

How do you take care of yourself?

Staying well/healthy...

🥛 🥛 🥛 🥛 🥛 🥛 🥛 🥛 🥛

Steps/exercise _____

Meals

A.M _____

P.M _____

EVE _____

Overall wellbeing/mood today

☐ Great   ☐ Happy   ☐ Proud   ☐ Okay

☐ Tired   ☐ P£#$*? Off   ☐ Sad   ☐ Tense

Goals/Priorities

Notes/Reflections

Day _____ ___ / ___ / _____

Exercise makes you feel good, do it often!

Time

Time		
05:00	☐	_____
06:00	☐	_____
07:00	☐	_____
08:00	☐	_____
09:00	☐	_____
10:00	☐	_____
11:00	☐	_____
12:00	☐	_____
13:00	☐	_____
14:00	☐	_____
15:00	☐	_____
16:00	☐	_____
17:00	☐	_____
18:00	☐	_____
19:00	☐	_____
20:00	☐	_____
21:00	☐	_____
22:00	☐	_____

I exercise...

Staying well/healthy...

🥛 🥛 🥛 🥛 🥛 🥛 🥛 🥛 🥛

Steps/exercise _____

Meals

A.M _____

P.M _____

EVE _____

Overall wellbeing/mood today

☐ Great ☐ Happy ☐ Proud ☐ Okay

☐ Tired ☐ P£#$*? Off ☐ Sad ☐ Tense

Goals/Priorities

Notes/Reflections

Day _____ ___/___/_____

What adventures awaits you?

Time
05:00 ☐ _____
06:00 ☐ _____
07:00 ☐ _____
08:00 ☐ _____
09:00 ☐ _____
10:00 ☐ _____
11:00 ☐ _____
12:00 ☐ _____
13:00 ☐ _____
14:00 ☐ _____
15:00 ☐ _____
16:00 ☐ _____
17:00 ☐ _____
18:00 ☐ _____
19:00 ☐ _____
20:00 ☐ _____
21:00 ☐ _____
22:00 ☐ _____

I plan to...

Staying well/healthy...

🥛 🥛 🥛 🥛 🥛 🥛 🥛 🥛 🥛

Steps/exercise _____

Meals

A.M _____

P.M _____

EVE _____

Overall wellbeing/mood today

☐ Great   ☐ Happy   ☐ Proud   ☐ Okay

☐ Tired   ☐ P£#$*? Off   ☐ Sad   ☐ Tense

Goals/Priorities

Notes/Reflections

Day _____ ___/___/_____

The price of love is grief.

Time
- 05:00 ☐ _____
- 06:00 ☐ _____
- 07:00 ☐ _____
- 08:00 ☐ _____
- 09:00 ☐ _____
- 10:00 ☐ _____
- 11:00 ☐ _____
- 12:00 ☐ _____
- 13:00 ☐ _____
- 14:00 ☐ _____
- 15:00 ☐ _____
- 16:00 ☐ _____
- 17:00 ☐ _____
- 18:00 ☐ _____
- 19:00 ☐ _____
- 20:00 ☐ _____
- 21:00 ☐ _____
- 22:00 ☐ _____

When I think of you...

Staying well/healthy...

🥛 🥛 🥛 🥛 🥛 🥛 🥛 🥛 🥛

Steps/exercise _____

Meals

A.M _____

P.M _____

EVE _____

Overall wellbeing/mood today

☐ Great   ☐ Happy   ☐ Proud   ☐ Okay

☐ Tired   ☐ P£#$*? Off   ☐ Sad   ☐ Tense

Goals/Priorities

Notes/Reflections

Day _____ ___ / ___ / _____

Have an epic day!

Time
- 05:00 ☐ _____
- 06:00 ☐ _____
- 07:00 ☐ _____
- 08:00 ☐ _____
- 09:00 ☐ _____
- 10:00 ☐ _____
- 11:00 ☐ _____
- 12:00 ☐ _____
- 13:00 ☐ _____
- 14:00 ☐ _____
- 15:00 ☐ _____
- 16:00 ☐ _____
- 17:00 ☐ _____
- 18:00 ☐ _____
- 19:00 ☐ _____
- 20:00 ☐ _____
- 21:00 ☐ _____
- 22:00 ☐ _____

My day was epic because...

Staying well/healthy...

🥤 🥤 🥤 🥤 🥤 🥤 🥤 🥤 🥤

Steps/exercise _____

Meals

A.M _____

P.M _____

EVE _____

Overall wellbeing/mood today

| ☐ Great | ☐ Happy | ☐ Proud | ☐ Okay |
| ☐ Tired | ☐ P£#$*? Off | ☐ Sad | ☐ Tense |

Goals/Priorities

Notes/Reflections

Day _____ ___ / ___ / _____

Respect: a feeling of deep admiration for someone or something elicited by their abilities, qualities, or achievements.

Time

05:00 ☐ _____

06:00 ☐ _____

07:00 ☐ _____

08:00 ☐ _____

09:00 ☐ _____

10:00 ☐ _____

11:00 ☐ _____

12:00 ☐ _____

13:00 ☐ _____

14:00 ☐ _____

15:00 ☐ _____

16:00 ☐ _____

17:00 ☐ _____

18:00 ☐ _____

19:00 ☐ _____

20:00 ☐ _____

21:00 ☐ _____

22:00 ☐ _____

Someone I respect is...

Staying well/healthy...

🥛 🥛 🥛 🥛 🥛 🥛 🥛 🥛

Steps/exercise _____

Meals

A.M _____

P.M _____

EVE _____

Overall wellbeing/mood today

☐ Great   ☐ Happy   ☐ Proud   ☐ Okay

☐ Tired   ☐ P£#$*? Off   ☐ Sad   ☐ Tense

Goals/Priorities

Notes/Reflections

Day _____ ___/___/_____

Self-respect is...

Time
- 05:00 ☐ _____
- 06:00 ☐ _____
- 07:00 ☐ _____
- 08:00 ☐ _____
- 09:00 ☐ _____
- 10:00 ☐ _____
- 11:00 ☐ _____
- 12:00 ☐ _____
- 13:00 ☐ _____
- 14:00 ☐ _____
- 15:00 ☐ _____
- 16:00 ☐ _____
- 17:00 ☐ _____
- 18:00 ☐ _____
- 19:00 ☐ _____
- 20:00 ☐ _____
- 21:00 ☐ _____
- 22:00 ☐ _____

The qualities, abilities and achievements I admire in myself are:

Staying well/healthy...

☐ ☐ ☐ ☐ ☐ ☐ ☐ ☐ ☐

Steps/exercise _____

Meals

A.M _____

P.M _____

EVE _____

Overall wellbeing/mood today

☐ Great ☐ Happy ☐ Proud ☐ Okay

☐ Tired ☐ P£#$*? Off ☐ Sad ☐ Tense

Goals/Priorities

Notes/Reflections

Day _____ ___/___/_____

Moisturize, moisturize, moisturize - every inch of your body.

Time
- 05:00 ☐ _____
- 06:00 ☐ _____
- 07:00 ☐ _____
- 08:00 ☐ _____
- 09:00 ☐ _____
- 10:00 ☐ _____
- 11:00 ☐ _____
- 12:00 ☐ _____
- 13:00 ☐ _____
- 14:00 ☐ _____
- 15:00 ☐ _____
- 16:00 ☐ _____
- 17:00 ☐ _____
- 18:00 ☐ _____
- 19:00 ☐ _____
- 20:00 ☐ _____
- 21:00 ☐ _____
- 22:00 ☐ _____

My favorite moisturizer/s…

Staying well/healthy…

▯ ▯ ▯ ▯ ▯ ▯ ▯ ▯ ▯

Steps/exercise _____

Meals

A.M _____

P.M _____

EVE _____

Overall wellbeing/mood today

☐ Great ☐ Happy ☐ Proud ☐ Okay

☐ Tired ☐ P£#$*? Off ☐ Sad ☐ Tense

Goals/Priorities

Notes/Reflections

Day _____ ___ / ___ / _____

Equality and equity are not the same.

Time
- 05:00 ☐ _____
- 06:00 ☐ _____
- 07:00 ☐ _____
- 08:00 ☐ _____
- 09:00 ☐ _____
- 10:00 ☐ _____
- 11:00 ☐ _____
- 12:00 ☐ _____
- 13:00 ☐ _____
- 14:00 ☐ _____
- 15:00 ☐ _____
- 16:00 ☐ _____
- 17:00 ☐ _____
- 18:00 ☐ _____
- 19:00 ☐ _____
- 20:00 ☐ _____
- 21:00 ☐ _____
- 22:00 ☐ _____

Define them here.

Staying well/healthy...

🥛 🥛 🥛 🥛 🥛 🥛 🥛 🥛 🥛

Steps/exercise _____

Meals

A.M _____

P.M _____

EVE _____

Overall wellbeing/mood today

☐ Great   ☐ Happy   ☐ Proud   ☐ Okay

☐ Tired   ☐ P£#$*? Off   ☐ Sad   ☐ Tense

Goals/Priorities

Notes/Reflections

Day _____   ___ / ___ / _____

*Who gave you permission to be so gorgeous?

Time

05:00 ☐ _____
06:00 ☐ _____
07:00 ☐ _____
08:00 ☐ _____
09:00 ☐ _____
10:00 ☐ _____
11:00 ☐ _____
12:00 ☐ _____
13:00 ☐ _____
14:00 ☐ _____
15:00 ☐ _____
16:00 ☐ _____
17:00 ☐ _____
18:00 ☐ _____
19:00 ☐ _____
20:00 ☐ _____
21:00 ☐ _____
22:00 ☐ _____

The ways I show love to myself are...

Staying well/healthy...

🥛 🥛 🥛 🥛 🥛 🥛 🥛 🥛 🥛

Steps/exercise _____

Meals

A.M _____

P.M _____

EVE _____

Overall wellbeing/mood today

☐ Great   ☐ Happy   ☐ Proud   ☐ Okay

☐ Tired   ☐ P£#$*? Off   ☐ Sad   ☐ Tense

Goals/Priorities

Notes/Reflections

Day _____   ___/___/_____

Value people and use things

Time

Time		
05:00	☐	_____
06:00	☐	_____
07:00	☐	_____
08:00	☐	_____
09:00	☐	_____
10:00	☐	_____
11:00	☐	_____
12:00	☐	_____
13:00	☐	_____
14:00	☐	_____
15:00	☐	_____
16:00	☐	_____
17:00	☐	_____
18:00	☐	_____
19:00	☐	_____
20:00	☐	_____
21:00	☐	_____
22:00	☐	_____

The people I value/The things I use are…

Staying well/healthy…

🥛 🥛 🥛 🥛 🥛 🥛 🥛 🥛

Steps/exercise _____

Meals

A.M _____

P.M _____

EVE _____

Overall wellbeing/mood today

☐ Great   ☐ Happy   ☐ Proud   ☐ Okay

☐ Tired   ☐ P£#$*? Off   ☐ Sad   ☐ Tense

Goals/Priorities

Notes/Reflections

Day ____   ___ / ___ / _____

Wow, how delightful you are!

Time

Time		
05:00	☐	_____
06:00	☐	_____
07:00	☐	_____
08:00	☐	_____
09:00	☐	_____
10:00	☐	_____
11:00	☐	_____
12:00	☐	_____
13:00	☐	_____
14:00	☐	_____
15:00	☐	_____
16:00	☐	_____
17:00	☐	_____
18:00	☐	_____
19:00	☐	_____
20:00	☐	_____
21:00	☐	_____
22:00	☐	_____

What makes other people delightful…

Staying well/healthy…

🥛 🥛 🥛 🥛 🥛 🥛 🥛 🥛 🥛

Steps/exercise _____

Meals

A.M _____

P.M _____

EVE _____

Overall wellbeing/mood today

☐ Great   ☐ Happy   ☐ Proud   ☐ Okay

☐ Tired   ☐ P£#$*? Off   ☐ Sad   ☐ Tense

Goals/Priorities

Notes/Reflections

Day _____   ___/___/_____

"...First I was afraid, I was petrified..."

Time
- 05:00 ☐ _____
- 06:00 ☐ _____
- 07:00 ☐ _____
- 08:00 ☐ _____
- 09:00 ☐ _____
- 10:00 ☐ _____
- 11:00 ☐ _____
- 12:00 ☐ _____
- 13:00 ☐ _____
- 14:00 ☐ _____
- 15:00 ☐ _____
- 16:00 ☐ _____
- 17:00 ☐ _____
- 18:00 ☐ _____
- 19:00 ☐ _____
- 20:00 ☐ _____
- 21:00 ☐ _____
- 22:00 ☐ _____

When have you survived...

Staying well/healthy...

▯ ▯ ▯ ▯ ▯ ▯ ▯ ▯ ▯

Steps/exercise _____

Meals

A.M _____

P.M _____

EVE _____

Overall wellbeing/mood today

☐ Great   ☐ Happy   ☐ Proud   ☐ Okay

☐ Tired   ☐ P£#$*? Off   ☐ Sad   ☐ Tense

Goals/Priorities

Notes/Reflections

Day _____ ___/___/_____

Everyone wants to be heard (but nobody wants to listen) —M. Cuellar

Time
- 05:00 ☐ _____
- 06:00 ☐ _____
- 07:00 ☐ _____
- 08:00 ☐ _____
- 09:00 ☐ _____
- 10:00 ☐ _____
- 11:00 ☐ _____
- 12:00 ☐ _____
- 13:00 ☐ _____
- 14:00 ☐ _____
- 15:00 ☐ _____
- 16:00 ☐ _____
- 17:00 ☐ _____
- 18:00 ☐ _____
- 19:00 ☐ _____
- 20:00 ☐ _____
- 21:00 ☐ _____
- 22:00 ☐ _____

Today I listened to...

Staying well/healthy...

🥛 🥛 🥛 🥛 🥛 🥛 🥛 🥛 🥛

Steps/exercise _____

Meals

A.M _____

P.M _____

EVE _____

Overall wellbeing/mood today

| ☐ Great | ☐ Happy | ☐ Proud | ☐ Okay |
| ☐ Tired | ☐ P£#$*? Off | ☐ Sad | ☐ Tense |

Goals/Priorities

Notes/Reflections

Day _____ ___/___/_____

Big dreams often have small beginnings – T.E Lawrence

Time
- 05:00 ☐ _____
- 06:00 ☐ _____
- 07:00 ☐ _____
- 08:00 ☐ _____
- 09:00 ☐ _____
- 10:00 ☐ _____
- 11:00 ☐ _____
- 12:00 ☐ _____
- 13:00 ☐ _____
- 14:00 ☐ _____
- 15:00 ☐ _____
- 16:00 ☐ _____
- 17:00 ☐ _____
- 18:00 ☐ _____
- 19:00 ☐ _____
- 20:00 ☐ _____
- 21:00 ☐ _____
- 22:00 ☐ _____

My small beginnings led to...

Staying well/healthy...

🥛 🥛 🥛 🥛 🥛 🥛 🥛 🥛 🥛

Steps/exercise _____

Meals

A.M _____

P.M _____

EVE _____

Overall wellbeing/mood today

☐ Great   ☐ Happy   ☐ Proud   ☐ Okay

☐ Tired   ☐ P£#$*? Off   ☐ Sad   ☐ Tense

Goals/Priorities

Notes/Reflections

Day _____ ___/___/_____

You are exactly where you're meant to be.

Time

Time		
05:00	☐	_____
06:00	☐	_____
07:00	☐	_____
08:00	☐	_____
09:00	☐	_____
10:00	☐	_____
11:00	☐	_____
12:00	☐	_____
13:00	☐	_____
14:00	☐	_____
15:00	☐	_____
16:00	☐	_____
17:00	☐	_____
18:00	☐	_____
19:00	☐	_____
20:00	☐	_____
21:00	☐	_____
22:00	☐	_____

Where are you at this moment in time?

Staying well/healthy...

🥛 🥛 🥛 🥛 🥛 🥛 🥛 🥛 🥛

Steps/exercise _____

Meals

A.M _____

P.M _____

EVE _____

Overall wellbeing/mood today

☐ Great ☐ Happy ☐ Proud ☐ Okay

☐ Tired ☐ P£#$*? Off ☐ Sad ☐ Tense

Goals/Priorities

Notes/Reflections

Day _____   ___ / ___ / _____

A journal and pen are great friends to have.

Time
05:00 ☐ _____
06:00 ☐ _____
07:00 ☐ _____
08:00 ☐ _____
09:00 ☐ _____
10:00 ☐ _____
11:00 ☐ _____
12:00 ☐ _____
13:00 ☐ _____
14:00 ☐ _____
15:00 ☐ _____
16:00 ☐ _____
17:00 ☐ _____
18:00 ☐ _____
19:00 ☐ _____
20:00 ☐ _____
21:00 ☐ _____
22:00 ☐ _____

Writing in my journal makes me feel…

Staying well/healthy…

🥛🥛🥛🥛🥛🥛🥛🥛

Steps/exercise _____

Meals

A.M _____

P.M _____

EVE _____

Overall wellbeing/mood today

☐ Great   ☐ Happy   ☐ Proud   ☐ Okay

☐ Tired   ☐ P£#$*? Off   ☐ Sad   ☐ Tense

Goals/Priorities

Notes/Reflections

Day _____ ___ / ___ / _____

Don't count the days, *make the days count* – M. Ali

Time

05:00	☐	_____
06:00	☐	_____
07:00	☐	_____
08:00	☐	_____
09:00	☐	_____
10:00	☐	_____
11:00	☐	_____
12:00	☐	_____
13:00	☐	_____
14:00	☐	_____
15:00	☐	_____
16:00	☐	_____
17:00	☐	_____
18:00	☐	_____
19:00	☐	_____
20:00	☐	_____
21:00	☐	_____
22:00	☐	_____

Today I made the day count…

Staying well/healthy…

🥛 🥛 🥛 🥛 🥛 🥛 🥛 🥛 🥛

Steps/exercise _____

Meals

A.M _____

P.M _____

EVE _____

Overall wellbeing/mood today

☐ Great   ☐ Happy   ☐ Proud   ☐ Okay

☐ Tired   ☐ P£#$*? Off   ☐ Sad   ☐ Tense

Goals/Priorities

Notes/Reflections

Day ____ ___ / ___ / _____

Cherish compliments and let them live in your head rent free.

Time

05:00 ☐ _____

06:00 ☐ _____

07:00 ☐ _____

08:00 ☐ _____

09:00 ☐ _____

10:00 ☐ _____

11:00 ☐ _____

12:00 ☐ _____

13:00 ☐ _____

14:00 ☐ _____

15:00 ☐ _____

16:00 ☐ _____

17:00 ☐ _____

18:00 ☐ _____

19:00 ☐ _____

20:00 ☐ _____

21:00 ☐ _____

22:00 ☐ _____

My cherished compliments:

Staying well/healthy...

☐ ☐ ☐ ☐ ☐ ☐ ☐ ☐ ☐

Steps/exercise _____

Meals

A.M _____

P.M _____

EVE _____

Overall wellbeing/mood today

☐ Great ☐ Happy ☐ Proud ☐ Okay

☐ Tired ☐ P£#$*? Off ☐ Sad ☐ Tense

Goals/Priorities

Notes/Reflections

Day _____ ___/___/_____

"Back when I was a child, before life removed all the innocence..." 🎧

Time
05:00 ☐ _____
06:00 ☐ _____
07:00 ☐ _____
08:00 ☐ _____
09:00 ☐ _____
10:00 ☐ _____
11:00 ☐ _____
12:00 ☐ _____
13:00 ☐ _____
14:00 ☐ _____
15:00 ☐ _____
16:00 ☐ _____
17:00 ☐ _____
18:00 ☐ _____
19:00 ☐ _____
20:00 ☐ _____
21:00 ☐ _____
22:00 ☐ _____

What is a fond memory you hold close to your heart?

Staying well/healthy...

☐ ☐ ☐ ☐ ☐ ☐ ☐ ☐ ☐

Steps/exercise _____

Meals

A.M _____

P.M _____

EVE _____

Overall wellbeing/mood today

☐ Great   ☐ Happy   ☐ Proud   ☐ Okay

☐ Tired   ☐ P£#$*? Off   ☐ Sad   ☐ Tense

Goals/Priorities

Notes/Reflections

Day _____ ___ / ___ / _____

There's no doubt that you're simply the best!

Time
- 05:00 ☐ _____
- 06:00 ☐ _____
- 07:00 ☐ _____
- 08:00 ☐ _____
- 09:00 ☐ _____
- 10:00 ☐ _____
- 11:00 ☐ _____
- 12:00 ☐ _____
- 13:00 ☐ _____
- 14:00 ☐ _____
- 15:00 ☐ _____
- 16:00 ☐ _____
- 17:00 ☐ _____
- 18:00 ☐ _____
- 19:00 ☐ _____
- 20:00 ☐ _____
- 21:00 ☐ _____
- 22:00 ☐ _____

I would describe…

Staying well/healthy…

🥛 🥛 🥛 🥛 🥛 🥛 🥛 🥛 🥛

Steps/exercise _____

Meals

A.M _____

P.M _____

EVE _____

Overall wellbeing/mood today

☐ Great   ☐ Happy   ☐ Proud   ☐ Okay

☐ Tired   ☐ P£#$*? Off   ☐ Sad   ☐ Tense

Goals/Priorities

Notes/Reflections

Day _____   ___ / ___ / _____

A smile can be infectious if you do it too often.

Time

Time		
05:00	☐	_____
06:00	☐	_____
07:00	☐	_____
08:00	☐	_____
09:00	☐	_____
10:00	☐	_____
11:00	☐	_____
12:00	☐	_____
13:00	☐	_____
14:00	☐	_____
15:00	☐	_____
16:00	☐	_____
17:00	☐	_____
18:00	☐	_____
19:00	☐	_____
20:00	☐	_____
21:00	☐	_____
22:00	☐	_____

How many times did you smile today?

Staying well/healthy...

🥛 🥛 🥛 🥛 🥛 🥛 🥛 🥛 🥛

Steps/exercise _____

Meals

A.M _____

P.M _____

EVE _____

Overall wellbeing/mood today

☐ Great   ☐ Happy   ☐ Proud   ☐ Okay

☐ Tired   ☐ P£#$*? Off   ☐ Sad   ☐ Tense

Goals/Priorities

Notes/Reflections

Day _____ ___/___/_____

Why does a fluttering butterfly stop us in our tracks?

Time
05:00 ☐ _____
06:00 ☐ _____
07:00 ☐ _____
08:00 ☐ _____
09:00 ☐ _____
10:00 ☐ _____
11:00 ☐ _____
12:00 ☐ _____
13:00 ☐ _____
14:00 ☐ _____
15:00 ☐ _____
16:00 ☐ _____
17:00 ☐ _____
18:00 ☐ _____
19:00 ☐ _____
20:00 ☐ _____
21:00 ☐ _____
22:00 ☐ _____

What else stops you in your tracks?

Staying well/healthy...

🥤 🥤 🥤 🥤 🥤 🥤 🥤 🥤 🥤

Steps/exercise _____

Meals

A.M _____

P.M _____

EVE _____

Overall wellbeing/mood today

☐ Great ☐ Happy ☐ Proud ☐ Okay

☐ Tired ☐ P£#$*? Off ☐ Sad ☐ Tense

Goals/Priorities

Notes/Reflections

Day _____   ___ / ___ / _____

The Subtle Art of Not Giving a F*ck by Marck Manson is quite funny.

Time

05:00 ☐ _____
06:00 ☐ _____
07:00 ☐ _____
08:00 ☐ _____
09:00 ☐ _____
10:00 ☐ _____
11:00 ☐ _____
12:00 ☐ _____
13:00 ☐ _____
14:00 ☐ _____
15:00 ☐ _____
16:00 ☐ _____
17:00 ☐ _____
18:00 ☐ _____
19:00 ☐ _____
20:00 ☐ _____
21:00 ☐ _____
22:00 ☐ _____

3 things I learnt:

Staying well/healthy...

Steps/exercise _____

Meals

A.M _____

P.M _____

EVE _____

Overall wellbeing/mood today

☐ Great   ☐ Happy   ☐ Proud   ☐ Okay
☐ Tired   ☐ P£#$*? Off   ☐ Sad   ☐ Tense

Goals/Priorities

Notes/Reflections

Day _____ ___/___/_____

If your compassion does not include yourself, it is incomplete – Buddha

Time

Time		
05:00	☐	_____
06:00	☐	_____
07:00	☐	_____
08:00	☐	_____
09:00	☐	_____
10:00	☐	_____
11:00	☐	_____
12:00	☐	_____
13:00	☐	_____
14:00	☐	_____
15:00	☐	_____
16:00	☐	_____
17:00	☐	_____
18:00	☐	_____
19:00	☐	_____
20:00	☐	_____
21:00	☐	_____
22:00	☐	_____

How are you compassionate to yourself?

Staying well/healthy…

🥛 🥛 🥛 🥛 🥛 🥛 🥛 🥛 🥛

Steps/exercise _____

Meals

A.M _____

P.M _____

EVE _____

Overall wellbeing/mood today

☐ Great   ☐ Happy   ☐ Proud   ☐ Okay

☐ Tired   ☐ P£#$*? Off   ☐ Sad   ☐ Tense

Goals/Priorities

Notes/Reflections

Day _____ ___/___/_____

Cut a pair of pears and share, for friendships sprouts when we show we care.

Time

Time		
05:00	☐	_____
06:00	☐	_____
07:00	☐	_____
08:00	☐	_____
09:00	☐	_____
10:00	☐	_____
11:00	☐	_____
12:00	☐	_____
13:00	☐	_____
14:00	☐	_____
15:00	☐	_____
16:00	☐	_____
17:00	☐	_____
18:00	☐	_____
19:00	☐	_____
20:00	☐	_____
21:00	☐	_____
22:00	☐	_____

Which pears are your favourite?

Staying well/healthy...

🥛 🥛 🥛 🥛 🥛 🥛 🥛 🥛

Steps/exercise _____

Meals

A.M _____

P.M _____

EVE _____

Overall wellbeing/mood today

☐ Great ☐ Happy ☐ Proud ☐ Okay

☐ Tired ☐ P£#$*? Off ☐ Sad ☐ Tense

Goals/Priorities

Notes/Reflections

Day _____ ___/___/_____

Learn something new, you might just like it.

Time
- 05:00 ☐ _____
- 06:00 ☐ _____
- 07:00 ☐ _____
- 08:00 ☐ _____
- 09:00 ☐ _____
- 10:00 ☐ _____
- 11:00 ☐ _____
- 12:00 ☐ _____
- 13:00 ☐ _____
- 14:00 ☐ _____
- 15:00 ☐ _____
- 16:00 ☐ _____
- 17:00 ☐ _____
- 18:00 ☐ _____
- 19:00 ☐ _____
- 20:00 ☐ _____
- 21:00 ☐ _____
- 22:00 ☐ _____

I recently learnt...

Staying well/healthy...

▯ ▯ ▯ ▯ ▯ ▯ ▯ ▯

Steps/exercise _____

Meals

A.M _____

P.M _____

EVE _____

Overall wellbeing/mood today

☐ Great   ☐ Happy   ☐ Proud   ☐ Okay

☐ Tired   ☐ P£#$*? Off   ☐ Sad   ☐ Tense

Goals/Priorities

Notes/Reflections

Day _____ ___/___/_____

"Hey pretty baby with the high heels on..." 🎧

Time
- 05:00 ☐ _____
- 06:00 ☐ _____
- 07:00 ☐ _____
- 08:00 ☐ _____
- 09:00 ☐ _____
- 10:00 ☐ _____
- 11:00 ☐ _____
- 12:00 ☐ _____
- 13:00 ☐ _____
- 14:00 ☐ _____
- 15:00 ☐ _____
- 16:00 ☐ _____
- 17:00 ☐ _____
- 18:00 ☐ _____
- 19:00 ☐ _____
- 20:00 ☐ _____
- 21:00 ☐ _____
- 22:00 ☐ _____

What does it feel like to wear your best shoes?

Staying well/healthy...

☐ ☐ ☐ ☐ ☐ ☐ ☐ ☐ ☐

Steps/exercise _____

Meals

A.M _____

P.M _____

EVE _____

Overall wellbeing/mood today

☐ Great   ☐ Happy   ☐ Proud   ☐ Okay

☐ Tired   ☐ P£#$*? Off   ☐ Sad   ☐ Tense

Goals/Priorities

Notes/Reflections

Day _____ ___ / ___ / _____

Look at you go!

Time
- 05:00 ☐ _____
- 06:00 ☐ _____
- 07:00 ☐ _____
- 08:00 ☐ _____
- 09:00 ☐ _____
- 10:00 ☐ _____
- 11:00 ☐ _____
- 12:00 ☐ _____
- 13:00 ☐ _____
- 14:00 ☐ _____
- 15:00 ☐ _____
- 16:00 ☐ _____
- 17:00 ☐ _____
- 18:00 ☐ _____
- 19:00 ☐ _____
- 20:00 ☐ _____
- 21:00 ☐ _____
- 22:00 ☐ _____

What did you do that made you proud?

Staying well/healthy...

☐ ☐ ☐ ☐ ☐ ☐ ☐ ☐ ☐

Steps/exercise _____

Meals

A.M _____

P.M _____

EVE _____

Overall wellbeing/mood today

☐	☐	☐	☐
Great	Happy	Proud	Okay
☐	☐	☐	☐
Tired	P£#$*? Off	Sad	Tense

Goals/Priorities

Notes/Reflections

Day _____ ___/___/_____

Age is something that doesn't matter unless you are a cheese – L. Bunnuell

Time
- 05:00 ☐ _____
- 06:00 ☐ _____
- 07:00 ☐ _____
- 08:00 ☐ _____
- 09:00 ☐ _____
- 10:00 ☐ _____
- 11:00 ☐ _____
- 12:00 ☐ _____
- 13:00 ☐ _____
- 14:00 ☐ _____
- 15:00 ☐ _____
- 16:00 ☐ _____
- 17:00 ☐ _____
- 18:00 ☐ _____
- 19:00 ☐ _____
- 20:00 ☐ _____
- 21:00 ☐ _____
- 22:00 ☐ _____

Is it true?

Staying well/healthy...

🥛 🥛 🥛 🥛 🥛 🥛 🥛 🥛 🥛

Steps/exercise _____

Meals

A.M _____

P.M _____

EVE _____

Overall wellbeing/mood today

☐ Great ☐ Happy ☐ Proud ☐ Okay

☐ Tired ☐ P£#$*? Off ☐ Sad ☐ Tense

Goals/Priorities

Notes/Reflections

Day ____   ___/___/_____

Enjoying your own company can be good for the soul.

Time
- 05:00 ☐ _____
- 06:00 ☐ _____
- 07:00 ☐ _____
- 08:00 ☐ _____
- 09:00 ☐ _____
- 10:00 ☐ _____
- 11:00 ☐ _____
- 12:00 ☐ _____
- 13:00 ☐ _____
- 14:00 ☐ _____
- 15:00 ☐ _____
- 16:00 ☐ _____
- 17:00 ☐ _____
- 18:00 ☐ _____
- 19:00 ☐ _____
- 20:00 ☐ _____
- 21:00 ☐ _____
- 22:00 ☐ _____

I enjoy my own company when...

Staying well/healthy...

🥛 🥛 🥛 🥛 🥛 🥛 🥛 🥛

Steps/exercise _____

Meals

A.M _____

P.M _____

EVE _____

Overall wellbeing/mood today

☐ Great   ☐ Happy   ☐ Proud   ☐ Okay

☐ Tired   ☐ P£#$*? Off   ☐ Sad   ☐ Tense

Goals/Priorities

Notes/Reflections

Day _____ ___/___/_____

Don't let opportunity weep in the corner while you are distracted by life.

Time

Time		
05:00	☐	_____
06:00	☐	_____
07:00	☐	_____
08:00	☐	_____
09:00	☐	_____
10:00	☐	_____
11:00	☐	_____
12:00	☐	_____
13:00	☐	_____
14:00	☐	_____
15:00	☐	_____
16:00	☐	_____
17:00	☐	_____
18:00	☐	_____
19:00	☐	_____
20:00	☐	_____
21:00	☐	_____
22:00	☐	_____

What opportunity will you look out for?

Staying well/healthy...

🥛 🥛 🥛 🥛 🥛 🥛 🥛 🥛 🥛

Steps/exercise _____

Meals

A.M _____

P.M _____

EVE _____

Overall wellbeing/mood today

☐ Great   ☐ Happy   ☐ Proud   ☐ Okay

☐ Tired   ☐ P£#$*? Off   ☐ Sad   ☐ Tense

Goals/Priorities

Notes/Reflections

Day _____   ___ / ___ / _____

Have a fabulous day!

Time

05:00 ☐	_____
06:00 ☐	_____
07:00 ☐	_____
08:00 ☐	_____
09:00 ☐	_____
10:00 ☐	_____
11:00 ☐	_____
12:00 ☐	_____
13:00 ☐	_____
14:00 ☐	_____
15:00 ☐	_____
16:00 ☐	_____
17:00 ☐	_____
18:00 ☐	_____
19:00 ☐	_____
20:00 ☐	_____
21:00 ☐	_____
22:00 ☐	_____

What makes a day fantastic?

Staying well/healthy...

🥛 🥛 🥛 🥛 🥛 🥛 🥛 🥛 🥛

Steps/exercise _____

Meals

A.M _____

P.M _____

EVE _____

Overall wellbeing/mood today

☐ Great   ☐ Happy   ☐ Proud   ☐ Okay

☐ Tired   ☐ P£#$*? Off   ☐ Sad   ☐ Tense

Goals/Priorities

Notes/Reflections

Day _____ ___/___/_____

*Expressing awe of the night sky is to reflect how awesome you are.

Time

05:00 ☐ _____

06:00 ☐ _____

07:00 ☐ _____

08:00 ☐ _____

09:00 ☐ _____

10:00 ☐ _____

11:00 ☐ _____

12:00 ☐ _____

13:00 ☐ _____

14:00 ☐ _____

15:00 ☐ _____

16:00 ☐ _____

17:00 ☐ _____

18:00 ☐ _____

19:00 ☐ _____

20:00 ☐ _____

21:00 ☐ _____

22:00 ☐ _____

What makes you unique?

Staying well/healthy...

🥛 🥛 🥛 🥛 🥛 🥛 🥛 🥛 🥛

Steps/exercise _____

Meals

A.M _____

P.M _____

EVE _____

Overall wellbeing/mood today

☐ Great   ☐ Happy   ☐ Proud   ☐ Okay

☐ Tired   ☐ P£#$*? Off   ☐ Sad   ☐ Tense

Goals/Priorities

Notes/Reflections

Day _____ ___ / ___ / _____

When I is replaced with we, even illness becomes wellness – H. Keller

Time
05:00 ☐ _____
06:00 ☐ _____
07:00 ☐ _____
08:00 ☐ _____
09:00 ☐ _____
10:00 ☐ _____
11:00 ☐ _____
12:00 ☐ _____
13:00 ☐ _____
14:00 ☐ _____
15:00 ☐ _____
16:00 ☐ _____
17:00 ☐ _____
18:00 ☐ _____
19:00 ☐ _____
20:00 ☐ _____
21:00 ☐ _____
22:00 ☐ _____

How can you have more (we)llness?

Staying well/healthy...

🥛 🥛 🥛 🥛 🥛 🥛 🥛 🥛 🥛

Steps/exercise _____

Meals

A.M _____

P.M _____

EVE _____

Overall wellbeing/mood today

☐ Great   ☐ Happy   ☐ Proud   ☐ Okay

☐ Tired   ☐ P£#$*? Off   ☐ Sad   ☐ Tense

Goals/Priorities

Notes/Reflections

Day _____ ___/___/_____

Is it your birthday? No…buy cake anyway, you deserve it.

Time		
05:00	☐	_____
06:00	☐	_____
07:00	☐	_____
08:00	☐	_____
09:00	☐	_____
10:00	☐	_____
11:00	☐	_____
12:00	☐	_____
13:00	☐	_____
14:00	☐	_____
15:00	☐	_____
16:00	☐	_____
17:00	☐	_____
18:00	☐	_____
19:00	☐	_____
20:00	☐	_____
21:00	☐	_____
22:00	☐	_____

Describe the cake you ate.

Staying well/healthy…

🥛 🥛 🥛 🥛 🥛 🥛 🥛 🥛 🥛

Steps/exercise _____

Meals

A.M _____

P.M _____

EVE _____

Overall wellbeing/mood today

☐ Great ☐ Happy ☐ Proud ☐ Okay

☐ Tired ☐ P£#$*? Off ☐ Sad ☐ Tense

Goals/Priorities

Notes/Reflections

Day _____   ___ / ___ / _____

Problems are opportunities with thorns on them – H Miller

Time

Time		
05:00	☐	_____
06:00	☐	_____
07:00	☐	_____
08:00	☐	_____
09:00	☐	_____
10:00	☐	_____
11:00	☐	_____
12:00	☐	_____
13:00	☐	_____
14:00	☐	_____
15:00	☐	_____
16:00	☐	_____
17:00	☐	_____
18:00	☐	_____
19:00	☐	_____
20:00	☐	_____
21:00	☐	_____
22:00	☐	_____

What is one problem you can turn into an opportunity?

Staying well/healthy...

🥛 🥛 🥛 🥛 🥛 🥛 🥛 🥛 🥛

Steps/exercise _____

Meals

A.M _____

P.M _____

EVE _____

Overall wellbeing/mood today

☐ Great   ☐ Happy   ☐ Proud   ☐ Okay

☐ Tired   ☐ P£#$*? Off   ☐ Sad   ☐ Tense

Goals/Priorities

Notes/Reflections

Day _____   ___ / ___ / _____

The tests of life are not meant to break you but make you.

Time

- 05:00 ☐ _____
- 06:00 ☐ _____
- 07:00 ☐ _____
- 08:00 ☐ _____
- 09:00 ☐ _____
- 10:00 ☐ _____
- 11:00 ☐ _____
- 12:00 ☐ _____
- 13:00 ☐ _____
- 14:00 ☐ _____
- 15:00 ☐ _____
- 16:00 ☐ _____
- 17:00 ☐ _____
- 18:00 ☐ _____
- 19:00 ☐ _____
- 20:00 ☐ _____
- 21:00 ☐ _____
- 22:00 ☐ _____

Have you experienced a test like this?

Staying well/healthy...

🥛 🥛 🥛 🥛 🥛 🥛 🥛 🥛 🥛

Steps/exercise _____

Meals

A.M _____

P.M _____

EVE _____

Overall wellbeing/mood today

☐ Great ☐ Happy ☐ Proud ☐ Okay

☐ Tired ☐ P£#$*? Off ☐ Sad ☐ Tense

Goals/Priorities

Notes/Reflections

Day ____   ___/___/_____

If someone is sad, offer to just listen – it's the perfect gift of support.

Time		
05:00	☐	_____
06:00	☐	_____
07:00	☐	_____
08:00	☐	_____
09:00	☐	_____
10:00	☐	_____
11:00	☐	_____
12:00	☐	_____
13:00	☐	_____
14:00	☐	_____
15:00	☐	_____
16:00	☐	_____
17:00	☐	_____
18:00	☐	_____
19:00	☐	_____
20:00	☐	_____
21:00	☐	_____
22:00	☐	_____

Kind gestures I offer include:

Staying well/healthy...

🥛 🥛 🥛 🥛 🥛 🥛 🥛 🥛 🥛

Steps/exercise _____

Meals

A.M _____

P.M _____

EVE _____

Overall wellbeing/mood today

☐ Great   ☐ Happy   ☐ Proud   ☐ Okay

☐ Tired   ☐ P£#$*? Off   ☐ Sad   ☐ Tense

Goals/Priorities

Notes/Reflections

Day _____ ___/___/_____

Happiness is the only thing that multiplies when you share it.

Time

Time		
05:00	☐	_____
06:00	☐	_____
07:00	☐	_____
08:00	☐	_____
09:00	☐	_____
10:00	☐	_____
11:00	☐	_____
12:00	☐	_____
13:00	☐	_____
14:00	☐	_____
15:00	☐	_____
16:00	☐	_____
17:00	☐	_____
18:00	☐	_____
19:00	☐	_____
20:00	☐	_____
21:00	☐	_____
22:00	☐	_____

What happiness did you share today?

Staying well/healthy...

🥛 🥛 🥛 🥛 🥛 🥛 🥛 🥛

Steps/exercise _____

Meals

A.M _____

P.M _____

EVE _____

Overall wellbeing/mood today

☐ Great ☐ Happy ☐ Proud ☐ Okay

☐ Tired ☐ P£#$*? Off ☐ Sad ☐ Tense

Goals/Priorities

Notes/Reflections

Day _____ ___ / ___ / _____

Gratitude is a currency we can mint for ourselves & spend without fear of bankruptcy – F.D.V.V Amburgh

Time

Time		
05:00	☐	_____
06:00	☐	_____
07:00	☐	_____
08:00	☐	_____
09:00	☐	_____
10:00	☐	_____
11:00	☐	_____
12:00	☐	_____
13:00	☐	_____
14:00	☐	_____
15:00	☐	_____
16:00	☐	_____
17:00	☐	_____
18:00	☐	_____
19:00	☐	_____
20:00	☐	_____
21:00	☐	_____
22:00	☐	_____

What are you grateful for?

Staying well/healthy…

🥛 🥛 🥛 🥛 🥛 🥛 🥛 🥛

Steps/exercise _____

Meals

A.M _____

P.M _____

EVE _____

Overall wellbeing/mood today

☐ Great ☐ Happy ☐ Proud ☐ Okay

☐ Tired ☐ P£#$*? Off ☐ Sad ☐ Tense

Goals/Priorities

Notes/Reflections

Day _____ ___/___/_____

"Our phone falls, we panic, our friends fall, we laugh."

Time
- 05:00 ☐ _____
- 06:00 ☐ _____
- 07:00 ☐ _____
- 08:00 ☐ _____
- 09:00 ☐ _____
- 10:00 ☐ _____
- 11:00 ☐ _____
- 12:00 ☐ _____
- 13:00 ☐ _____
- 14:00 ☐ _____
- 15:00 ☐ _____
- 16:00 ☐ _____
- 17:00 ☐ _____
- 18:00 ☐ _____
- 19:00 ☐ _____
- 20:00 ☐ _____
- 21:00 ☐ _____
- 22:00 ☐ _____

Why do we do that?

Staying well/healthy...

☐ ☐ ☐ ☐ ☐ ☐ ☐ ☐ ☐

Steps/exercise _____

Meals

A.M _____

P.M _____

EVE _____

Overall wellbeing/mood today

| ☐ Great | ☐ Happy | ☐ Proud | ☐ Okay |
| ☐ Tired | ☐ P£#$*? Off | ☐ Sad | ☐ Tense |

Goals/Priorities

Notes/Reflections

Day _____ ___/___/_____

Damn, you look good!

Time
- 05:00 ☐ _____
- 06:00 ☐ _____
- 07:00 ☐ _____
- 08:00 ☐ _____
- 09:00 ☐ _____
- 10:00 ☐ _____
- 11:00 ☐ _____
- 12:00 ☐ _____
- 13:00 ☐ _____
- 14:00 ☐ _____
- 15:00 ☐ _____
- 16:00 ☐ _____
- 17:00 ☐ _____
- 18:00 ☐ _____
- 19:00 ☐ _____
- 20:00 ☐ _____
- 21:00 ☐ _____
- 22:00 ☐ _____

What's your style of clothing?

Staying well/healthy...

🥛 🥛 🥛 🥛 🥛 🥛 🥛 🥛 🥛

Steps/exercise _____

Meals

A.M _____

P.M _____

EVE _____

Overall wellbeing/mood today

☐ Great ☐ Happy ☐ Proud ☐ Okay

☐ Tired ☐ P£#$*? Off ☐ Sad ☐ Tense

Goals/Priorities

Notes/Reflections

Day _____ ___ / ___ / _____

Adventures come in all shapes and sizes.

Time

Time		
05:00	☐	_____
06:00	☐	_____
07:00	☐	_____
08:00	☐	_____
09:00	☐	_____
10:00	☐	_____
11:00	☐	_____
12:00	☐	_____
13:00	☐	_____
14:00	☐	_____
15:00	☐	_____
16:00	☐	_____
17:00	☐	_____
18:00	☐	_____
19:00	☐	_____
20:00	☐	_____
21:00	☐	_____
22:00	☐	_____

How was your adventure?

Staying well/healthy...

🥛 🥛 🥛 🥛 🥛 🥛 🥛 🥛 🥛

Steps/exercise _____

Meals

A.M _____

P.M _____

EVE _____

Overall wellbeing/mood today

☐ Great   ☐ Happy   ☐ Proud   ☐ Okay

☐ Tired   ☐ P£#$*? Off   ☐ Sad   ☐ Tense

Goals/Priorities

Notes/Reflections

Day _____ ___ / ___ / _____

"Let's stay together, loving you whether whether..." 🎧

Time
- 05:00 ☐ _____
- 06:00 ☐ _____
- 07:00 ☐ _____
- 08:00 ☐ _____
- 09:00 ☐ _____
- 10:00 ☐ _____
- 11:00 ☐ _____
- 12:00 ☐ _____
- 13:00 ☐ _____
- 14:00 ☐ _____
- 15:00 ☐ _____
- 16:00 ☐ _____
- 17:00 ☐ _____
- 18:00 ☐ _____
- 19:00 ☐ _____
- 20:00 ☐ _____
- 21:00 ☐ _____
- 22:00 ☐ _____

Who can you depend on?

Staying well/healthy...

🥛 🥛 🥛 🥛 🥛 🥛 🥛 🥛 🥛

Steps/exercise _____

Meals

A.M _____

P.M _____

EVE _____

Overall wellbeing/mood today

☐ Great   ☐ Happy   ☐ Proud   ☐ Okay

☐ Tired   ☐ P£#$*? Off   ☐ Sad   ☐ Tense

Goals/Priorities

Notes/Reflections

Day _____   ___ / ___ / _____

Who moved my cheese? By Dr Spencer Johnson is just 94 pages.

Time

05:00 ☐ _____

06:00 ☐ _____

07:00 ☐ _____

08:00 ☐ _____

09:00 ☐ _____

10:00 ☐ _____

11:00 ☐ _____

12:00 ☐ _____

13:00 ☐ _____

14:00 ☐ _____

15:00 ☐ _____

16:00 ☐ _____

17:00 ☐ _____

18:00 ☐ _____

19:00 ☐ _____

20:00 ☐ _____

21:00 ☐ _____

22:00 ☐ _____

Book Review

Staying well/healthy...

🥛 🥛 🥛 🥛 🥛 🥛 🥛 🥛

Steps/exercise _____

Meals

A.M _____

P.M _____

EVE _____

Overall wellbeing/mood today

☐ Great   ☐ Happy   ☐ Proud   ☐ Okay

☐ Tired   ☐ P£#$*? Off   ☐ Sad   ☐ Tense

Goals/Priorities

Notes/Reflections

Day _____ ___ / ___ / _____

All the statistics in the world can't measure the warmth of a smile – C. Hart

Time

05:00 ☐ _____

06:00 ☐ _____

07:00 ☐ _____

08:00 ☐ _____

09:00 ☐ _____

10:00 ☐ _____

11:00 ☐ _____

12:00 ☐ _____

13:00 ☐ _____

14:00 ☐ _____

15:00 ☐ _____

16:00 ☐ _____

17:00 ☐ _____

18:00 ☐ _____

19:00 ☐ _____

20:00 ☐ _____

21:00 ☐ _____

22:00 ☐ _____

Did someone warm you with a smile?

Staying well/healthy…

☐ ☐ ☐ ☐ ☐ ☐ ☐ ☐ ☐

Steps/exercise _____

Meals

A.M _____

P.M _____

EVE _____

Overall wellbeing/mood today

☐ Great ☐ Happy ☐ Proud ☐ Okay

☐ Tired ☐ P£#$*? Off ☐ Sad ☐ Tense

Goals/Priorities

Notes/Reflections

Day ____ ___/___/_____

To become old an wise, you must first be young and stupid.

Time

Time		
05:00	☐	_____
06:00	☐	_____
07:00	☐	_____
08:00	☐	_____
09:00	☐	_____
10:00	☐	_____
11:00	☐	_____
12:00	☐	_____
13:00	☐	_____
14:00	☐	_____
15:00	☐	_____
16:00	☐	_____
17:00	☐	_____
18:00	☐	_____
19:00	☐	_____
20:00	☐	_____
21:00	☐	_____
22:00	☐	_____

Do you have any experiences of that?

Staying well/healthy...

▯ ▯ ▯ ▯ ▯ ▯ ▯ ▯ ▯

Steps/exercise _____

Meals

A.M _____

P.M _____

EVE _____

Overall wellbeing/mood today

☐ Great   ☐ Happy   ☐ Proud   ☐ Okay

☐ Tired   ☐ P£#$*? Off   ☐ Sad   ☐ Tense

Goals/Priorities

Notes/Reflections

Day _____ ___/___/_____

Make this day awesome!

Time
- 05:00 ☐ _____
- 06:00 ☐ _____
- 07:00 ☐ _____
- 08:00 ☐ _____
- 09:00 ☐ _____
- 10:00 ☐ _____
- 11:00 ☐ _____
- 12:00 ☐ _____
- 13:00 ☐ _____
- 14:00 ☐ _____
- 15:00 ☐ _____
- 16:00 ☐ _____
- 17:00 ☐ _____
- 18:00 ☐ _____
- 19:00 ☐ _____
- 20:00 ☐ _____
- 21:00 ☐ _____
- 22:00 ☐ _____

Was it?

Staying well/healthy...

☐ ☐ ☐ ☐ ☐ ☐ ☐ ☐ ☐

Steps/exercise _____

Meals

A.M _____

P.M _____

EVE _____

Overall wellbeing/mood today

☐	☐	☐	☐
Great	Happy	Proud	Okay
☐	☐	☐	☐
Tired	P£#$*? Off	Sad	Tense

Goals/Priorities

Notes/Reflections

Day _____ ___/___/_____

Saying no is both rejection and self care.

Time
- 05:00 ☐ _____
- 06:00 ☐ _____
- 07:00 ☐ _____
- 08:00 ☐ _____
- 09:00 ☐ _____
- 10:00 ☐ _____
- 11:00 ☐ _____
- 12:00 ☐ _____
- 13:00 ☐ _____
- 14:00 ☐ _____
- 15:00 ☐ _____
- 16:00 ☐ _____
- 17:00 ☐ _____
- 18:00 ☐ _____
- 19:00 ☐ _____
- 20:00 ☐ _____
- 21:00 ☐ _____
- 22:00 ☐ _____

When did you say no and felt good about it?

Staying well/healthy...

🥛 🥛 🥛 🥛 🥛 🥛 🥛 🥛 🥛

Steps/exercise _____

Meals

A.M _____

P.M _____

EVE _____

Overall wellbeing/mood today

☐ Great ☐ Happy ☐ Proud ☐ Okay

☐ Tired ☐ P£#$*? Off ☐ Sad ☐ Tense

Goals/Priorities

Notes/Reflections

Day _____ ___ / ___ / _____

Don't let anyone rent space in your head unless they are a good tenant.

Time

Time		
05:00	☐	_____
06:00	☐	_____
07:00	☐	_____
08:00	☐	_____
09:00	☐	_____
10:00	☐	_____
11:00	☐	_____
12:00	☐	_____
13:00	☐	_____
14:00	☐	_____
15:00	☐	_____
16:00	☐	_____
17:00	☐	_____
18:00	☐	_____
19:00	☐	_____
20:00	☐	_____
21:00	☐	_____
22:00	☐	_____

Good tenant	*Questionable tenant*

Staying well/healthy...

🥛 🥛 🥛 🥛 🥛 🥛 🥛 🥛 🥛

Steps/exercise _____

Meals

A.M _____

P.M _____

EVE _____

Overall wellbeing/mood today

☐ Great   ☐ Happy   ☐ Proud   ☐ Okay

☐ Tired   ☐ P£#$*? Off   ☐ Sad   ☐ Tense

Goals/Priorities

Notes/Reflections

Day _____   ___ / ___ / _____

Write a letter of love to yourself.

Time
- 05:00 ☐ _____
- 06:00 ☐ _____
- 07:00 ☐ _____
- 08:00 ☐ _____
- 09:00 ☐ _____
- 10:00 ☐ _____
- 11:00 ☐ _____
- 12:00 ☐ _____
- 13:00 ☐ _____
- 14:00 ☐ _____
- 15:00 ☐ _____
- 16:00 ☐ _____
- 17:00 ☐ _____
- 18:00 ☐ _____
- 19:00 ☐ _____
- 20:00 ☐ _____
- 21:00 ☐ _____
- 22:00 ☐ _____

How do you love yourself?

Staying well/healthy...

🥛 🥛 🥛 🥛 🥛 🥛 🥛 🥛 🥛

Steps/exercise _____

Meals

A.M _____

P.M _____

EVE _____

Overall wellbeing/mood today

- ☐ Great
- ☐ Happy
- ☐ Proud
- ☐ Okay
- ☐ Tired
- ☐ P£#$*? Off
- ☐ Sad
- ☐ Tense

Goals/Priorities

Notes/Reflections

Day _____ ___/___/_____

Each of us are marvellous in our own way.

Time

05:00 ☐	_____
06:00 ☐	_____
07:00 ☐	_____
08:00 ☐	_____
09:00 ☐	_____
10:00 ☐	_____
11:00 ☐	_____
12:00 ☐	_____
13:00 ☐	_____
14:00 ☐	_____
15:00 ☐	_____
16:00 ☐	_____
17:00 ☐	_____
18:00 ☐	_____
19:00 ☐	_____
20:00 ☐	_____
21:00 ☐	_____
22:00 ☐	_____

I'm marvellous because...

Staying well/healthy...

🥛 🥛 🥛 🥛 🥛 🥛 🥛 🥛 🥛

Steps/exercise _____

Meals

A.M _____

P.M _____

EVE _____

Overall wellbeing/mood today

☐ Great ☐ Happy ☐ Proud ☐ Okay

☐ Tired ☐ P£#$*? Off ☐ Sad ☐ Tense

Goals/Priorities

Notes/Reflections

Day _____ ___ / ___ / _____

Riding a bicycle is a freeing experience.

Time
- 05:00 ☐ _____
- 06:00 ☐ _____
- 07:00 ☐ _____
- 08:00 ☐ _____
- 09:00 ☐ _____
- 10:00 ☐ _____
- 11:00 ☐ _____
- 12:00 ☐ _____
- 13:00 ☐ _____
- 14:00 ☐ _____
- 15:00 ☐ _____
- 16:00 ☐ _____
- 17:00 ☐ _____
- 18:00 ☐ _____
- 19:00 ☐ _____
- 20:00 ☐ _____
- 21:00 ☐ _____
- 22:00 ☐ _____

Describe how and when you learnt to ride a bicycle

Staying well/healthy...

🥛 🥛 🥛 🥛 🥛 🥛 🥛 🥛

Steps/exercise _____

Meals

A.M _____

P.M _____

EVE _____

Overall wellbeing/mood today

☐ Great ☐ Happy ☐ Proud ☐ Okay

☐ Tired ☐ P£#$*? Off ☐ Sad ☐ Tense

Goals/Priorities

Notes/Reflections

Day ____ ___ / ___ / _____

Make someone's day...smile at them.

Time
- 05:00 ☐ _____
- 06:00 ☐ _____
- 07:00 ☐ _____
- 08:00 ☐ _____
- 09:00 ☐ _____
- 10:00 ☐ _____
- 11:00 ☐ _____
- 12:00 ☐ _____
- 13:00 ☐ _____
- 14:00 ☐ _____
- 15:00 ☐ _____
- 16:00 ☐ _____
- 17:00 ☐ _____
- 18:00 ☐ _____
- 19:00 ☐ _____
- 20:00 ☐ _____
- 21:00 ☐ _____
- 22:00 ☐ _____

Who did you smile at?

Staying well/healthy...

▯ ▯ ▯ ▯ ▯ ▯ ▯ ▯

Steps/exercise _____

Meals

A.M _____

P.M _____

EVE _____

Overall wellbeing/mood today

| ☐ Great | ☐ Happy | ☐ Proud | ☐ Okay |
| ☐ Tired | ☐ P£#$*? Off | ☐ Sad | ☐ Tense |

Goals/Priorities

Notes/Reflections

Day _____ ___/___/_____

Look at old photos that make you feel good, its cheap medicine.

Time
- 05:00 ☐ _____
- 06:00 ☐ _____
- 07:00 ☐ _____
- 08:00 ☐ _____
- 09:00 ☐ _____
- 10:00 ☐ _____
- 11:00 ☐ _____
- 12:00 ☐ _____
- 13:00 ☐ _____
- 14:00 ☐ _____
- 15:00 ☐ _____
- 16:00 ☐ _____
- 17:00 ☐ _____
- 18:00 ☐ _____
- 19:00 ☐ _____
- 20:00 ☐ _____
- 21:00 ☐ _____
- 22:00 ☐ _____

Photos that make me feel good...

Staying well/healthy...

🥛 🥛 🥛 🥛 🥛 🥛 🥛 🥛

Steps/exercise _____

Meals

A.M _____

P.M _____

EVE _____

Overall wellbeing/mood today

☐ Great ☐ Happy ☐ Proud ☐ Okay

☐ Tired ☐ P£#$*? Off ☐ Sad ☐ Tense

Goals/Priorities

Notes/Reflections

Day _____ ___ / ___ / _____

Time doesn't discriminate; we all get 24 hours in each day.

Time

Time		
05:00	☐	_____
06:00	☐	_____
07:00	☐	_____
08:00	☐	_____
09:00	☐	_____
10:00	☐	_____
11:00	☐	_____
12:00	☐	_____
13:00	☐	_____
14:00	☐	_____
15:00	☐	_____
16:00	☐	_____
17:00	☐	_____
18:00	☐	_____
19:00	☐	_____
20:00	☐	_____
21:00	☐	_____
22:00	☐	_____

How did you use your time today?

Staying well/healthy...

🥛 🥛 🥛 🥛 🥛 🥛 🥛 🥛

Steps/exercise _____

Meals

A.M _____

P.M _____

EVE _____

Overall wellbeing/mood today

☐	☐	☐	☐
Great	Happy	Proud	Okay
☐	☐	☐	☐
Tired	P£#$*? Off	Sad	Tense

Goals/Priorities

Notes/Reflections

Day _____ ___/___/_____

Fear + Action = Bravery

Time

05:00 ☐ _____

06:00 ☐ _____

07:00 ☐ _____

08:00 ☐ _____

09:00 ☐ _____

10:00 ☐ _____

11:00 ☐ _____

12:00 ☐ _____

13:00 ☐ _____

14:00 ☐ _____

15:00 ☐ _____

16:00 ☐ _____

17:00 ☐ _____

18:00 ☐ _____

19:00 ☐ _____

20:00 ☐ _____

21:00 ☐ _____

22:00 ☐ _____

How have you been brave?

Staying well/healthy...

🥛 🥛 🥛 🥛 🥛 🥛 🥛 🥛

Steps/exercise _____

Meals

A.M _____

P.M _____

EVE _____

Overall wellbeing/mood today

☐ Great ☐ Happy ☐ Proud ☐ Okay

☐ Tired ☐ P£#$*? Off ☐ Sad ☐ Tense

Goals/Priorities

Notes/Reflections

Day _____   ___ / ___ / _____

"because I'm happy, clap along…" 🎧

Time
- 05:00 ☐ _____
- 06:00 ☐ _____
- 07:00 ☐ _____
- 08:00 ☐ _____
- 09:00 ☐ _____
- 10:00 ☐ _____
- 11:00 ☐ _____
- 12:00 ☐ _____
- 13:00 ☐ _____
- 14:00 ☐ _____
- 15:00 ☐ _____
- 16:00 ☐ _____
- 17:00 ☐ _____
- 18:00 ☐ _____
- 19:00 ☐ _____
- 20:00 ☐ _____
- 21:00 ☐ _____
- 22:00 ☐ _____

How does this song make you feel?

Staying well/healthy…

🥛 🥛 🥛 🥛 🥛 🥛 🥛 🥛 🥛

Steps/exercise _____

Meals

A.M _____

P.M _____

EVE _____

Overall wellbeing/mood today

☐ Great   ☐ Happy   ☐ Proud   ☐ Okay

☐ Tired   ☐ P£#$*? Off   ☐ Sad   ☐ Tense

Goals/Priorities

Notes/Reflections

Day _____ ___ / ___ / _____

In the land of the blind, the one-eyed man is king - Erasmus

Time

05:00 ☐ _____

06:00 ☐ _____

07:00 ☐ _____

08:00 ☐ _____

09:00 ☐ _____

10:00 ☐ _____

11:00 ☐ _____

12:00 ☐ _____

13:00 ☐ _____

14:00 ☐ _____

15:00 ☐ _____

16:00 ☐ _____

17:00 ☐ _____

18:00 ☐ _____

19:00 ☐ _____

20:00 ☐ _____

21:00 ☐ _____

22:00 ☐ _____

What can you see that others can't?

Staying well/healthy...

🥛 🥛 🥛 🥛 🥛 🥛 🥛 🥛 🥛

Steps/exercise _____

Meals

A.M _____

P.M _____

EVE _____

Overall wellbeing/mood today

☐ Great   ☐ Happy   ☐ Proud   ☐ Okay

☐ Tired   ☐ P£#$*? Off   ☐ Sad   ☐ Tense

Goals/Priorities

Notes/Reflections

Day _____ ___/___/_____

Six sticky skeletons, repeat...now speed it up.

Time
- 05:00 ☐ _____
- 06:00 ☐ _____
- 07:00 ☐ _____
- 08:00 ☐ _____
- 09:00 ☐ _____
- 10:00 ☐ _____
- 11:00 ☐ _____
- 12:00 ☐ _____
- 13:00 ☐ _____
- 14:00 ☐ _____
- 15:00 ☐ _____
- 16:00 ☐ _____
- 17:00 ☐ _____
- 18:00 ☐ _____
- 19:00 ☐ _____
- 20:00 ☐ _____
- 21:00 ☐ _____
- 22:00 ☐ _____

Did you laugh at yourself?

Staying well/healthy...

☐ ☐ ☐ ☐ ☐ ☐ ☐ ☐ ☐

Steps/exercise _____

Meals

A.M _____

P.M _____

EVE _____

Overall wellbeing/mood today

☐ Great ☐ Happy ☐ Proud ☐ Okay

☐ Tired ☐ P£#$*? Off ☐ Sad ☐ Tense

Goals/Priorities

Notes/Reflections

Day _____   ___ / ___ / _____

What are your achievements?

Time

Time		
05:00	☐	_____
06:00	☐	_____
07:00	☐	_____
08:00	☐	_____
09:00	☐	_____
10:00	☐	_____
11:00	☐	_____
12:00	☐	_____
13:00	☐	_____
14:00	☐	_____
15:00	☐	_____
16:00	☐	_____
17:00	☐	_____
18:00	☐	_____
19:00	☐	_____
20:00	☐	_____
21:00	☐	_____
22:00	☐	_____

List 5 here:

Staying well/healthy...

🥛 🥛 🥛 🥛 🥛 🥛 🥛 🥛 🥛

Steps/exercise _____

Meals

A.M _____

P.M _____

EVE _____

Overall wellbeing/mood today

☐ Great   ☐ Happy   ☐ Proud   ☐ Okay

☐ Tired   ☐ P£#$*? Off   ☐ Sad   ☐ Tense

Goals/Priorities

Notes/Reflections

Day _____ ___/___/_____

What are your top life experiences?

Time
- 05:00 ☐ _____
- 06:00 ☐ _____
- 07:00 ☐ _____
- 08:00 ☐ _____
- 09:00 ☐ _____
- 10:00 ☐ _____
- 11:00 ☐ _____
- 12:00 ☐ _____
- 13:00 ☐ _____
- 14:00 ☐ _____
- 15:00 ☐ _____
- 16:00 ☐ _____
- 17:00 ☐ _____
- 18:00 ☐ _____
- 19:00 ☐ _____
- 20:00 ☐ _____
- 21:00 ☐ _____
- 22:00 ☐ _____

List 3 here:

Staying well/healthy...

🥛 🥛 🥛 🥛 🥛 🥛 🥛 🥛 🥛

Steps/exercise _____

Meals

A.M _____

P.M _____

EVE _____

Overall wellbeing/mood today

☐ Great   ☐ Happy   ☐ Proud   ☐ Okay

☐ Tired   ☐ P£#$*? Off   ☐ Sad   ☐ Tense

Goals/Priorities

Notes/Reflections

Day _____   ___ / ___ / _____

What words describes your character?

Time
- 05:00 ☐ _____
- 06:00 ☐ _____
- 07:00 ☐ _____
- 08:00 ☐ _____
- 09:00 ☐ _____
- 10:00 ☐ _____
- 11:00 ☐ _____
- 12:00 ☐ _____
- 13:00 ☐ _____
- 14:00 ☐ _____
- 15:00 ☐ _____
- 16:00 ☐ _____
- 17:00 ☐ _____
- 18:00 ☐ _____
- 19:00 ☐ _____
- 20:00 ☐ _____
- 21:00 ☐ _____
- 22:00 ☐ _____

List 5 here:

Staying well/healthy...

☐ ☐ ☐ ☐ ☐ ☐ ☐ ☐

Steps/exercise _____

Meals

A.M _____

P.M _____

EVE _____

Overall wellbeing/mood today

| ☐ Great | ☐ Happy | ☐ Proud | ☐ Okay |
| ☐ Tired | ☐ P£#$*? Off | ☐ Sad | ☐ Tense |

Goals/Priorities

Notes/Reflections

Printed in Great Britain
by Amazon